Pur Jaz

Il s'agit d'un livre sur la musique et le chant...

Que vous chantiez seul, en chœur ou en groupe.

Comme les oiseaux, nous avons tous besoin de chanter...

Nous nous sentons bien lorsque nous nous exprimons en élevant la voix !

Saviez-vous que votre voix est unique ? Ce qui signifie que personne d'autre ne chante comme vous ?

Alors quand vous chantez, chantez fort et fièrement.....

Ensuite, préparez-vous à...

SAUTEZ SAUTEZ ET CHANTEZ DA-DO-DO !

Qu'il s'agisse d'une chorale ou d'un groupe... nos voix se mélangent...

Chanter ensemble rend le monde meilleur...

Lorsque nous ouvrons nos cœurs et chantons...

Nos voix peuvent faire sourire tout le monde.

Les voix sont de différents types...

La soprano a la voix la plus aiguë...

Un bassiste a la voix la plus grave....

Toutes sortes de chanteurs aiment sauter et chanter DA-DO-DO-DO!

Il est temps de se préparer à chanter... et ne soyez pas timide....

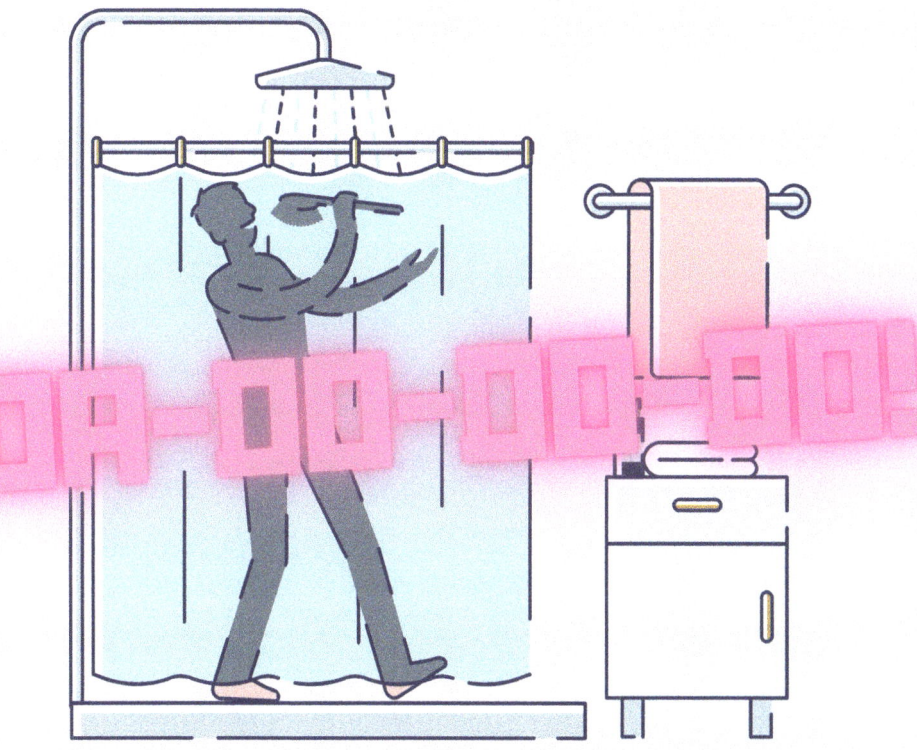

Parce que la musique est une sorte de magie...

Choisissez une chanson que vous aimez... pourquoi pas de la musique country ?

Ou l'opéra, où l'on peut raconter une histoire par la musique et le chant...

Qu'en est-il de l'Évangile ? Pourriez-vous chanter un chant sur la foi ou une prière ?

Vous pouvez aussi essayer A Capella... qui consiste à chanter sans musique...

Vous avez certainement entendu parler de la musique pop...

Ou peut-être aimeriez-vous chanter du Rock and Roll....

Peu importe ce que vous choisissez de chanter, vous ne pouvez jamais vous tromper....

Car bientôt, il sera
temps de sauter,
sauter, sauter et
chanter
DA-DO-DO-DO !

NOUS

EN CHANTANT

DA-DO-DO-DO!

Série en français :
SAUTE ET CRIE COMME UN CACATOES !
LE CHAT QUI A DIT BONJOUR !
SAUTE ET DITES BOO !
SAUTE ET DITES P.U.!

Série de sauts en anglais.
Saltear como caribú !
Sautez comme un kangourou !
Sautez dans le zoológico !
Sautez et dites P.U. !
Sautez et dites que c'est la Saint-Valentin !
Même pour les enfants !
Sautez et trouvez un indice !
Sautez et dites "Joyeux anniversaire" !
Sautez pour tout ce qui est bleu !
Sautez pour dire Joyeuses Pâques !
Sautez et dites ¡Aujourd'hui !
Sautez et chantez Da-Do-Do-Do !
Sautez et demandez qui ?
Sautez et criez comme un cacatoès !
Sautez et demandez si c'est vous ou le
mouton ?
Sautez et dites qu'il y a un Beurk dans
mon ragoût !
dans mon ragoût !

Sautez et dites qu'il y a un lièvre
dans mes cheveux !
Sautez et dites que ma tante a
mangé une fourmi !
Sautez et dites qu'il y a un
oryctérope dans le parc
d'attractions !
Sautez et dites Joyeux Noël à vous !
Sautez pour vous souhaiter une
bonne année !
Sautez et dites qu'il y a un Moo-
Moo dans
un tutu !

SÉRIE CLAP :
CLAP POUR 1 !
Clap pour 2 !
Clap pour 3 !
Applaudissez pour 4 !
Applaudissez pour le 5 !
Applaudissez pour le 6 !
Applaudissez le 7 !
Applaudissez le 8 !
Applaudissez le 9 !
Applaudissez le dix !

Autres livres pour enfants :
Les trois rochers
Billy Shakespeare
Billie Shakespeare
Apprendre à dessiner avec symétrie

Non-fiction
103 idées de collecte de fonds pour les
parents bénévoles des